SÍNDROME DO PÂNICO

Coleção SAÚDE DA MENTE

COMO ENFRENTAR A SÍNDROME DO PÂNICO

2ª edição

astral cultural

Editora Natália Ortega
Editora de arte Tâmizi Ribeiro
Produção editorial Ana Laura Padovan, Andressa Ciniciato e Brendha Rodrigues
Revisão João Rodrigues
Capa Agência MOV

Dados Internacionais de Catalogação na Publicação (CIP)
Angélica Ilacqua CRB-8/7057

C728 Como enfrentar a Síndrome do pânico / Astral Cultural.
– 2. ed. - Bauru, SP : Astral Cultural, 2023.
128 p. (Coleção Saúde da Mente)

ISBN 978-65-5566-416-4

1. Autoajuda 2. Síndrome do pânico - Obras populares I. Série

23-5449 CDD 616.85223

Índices para catálogo sistemático:
1. Autoajuda

BAURU
Rua Joaquim Anacleto Bueno, 1-42
Jardim Contorno
CEP: 17047-281
Telefone: (14) 3879-3877

SÃO PAULO
Rua Augusta, 101
Sala 1812, 18º andar
Consolação
CEP: 01305-000
Telefone: (11) 3048-2900

E-mail: contato@astralcultural.com.br

APRESENTAÇÃO

Coração disparado, mãos trêmulas, falta de ar, confusão mental e medo de morrer: imagine tudo isso reunido, surgindo de repente e atingindo o auge dos sintomas com rapidez. Esse conjunto de sensações ocorre em um ataque de pânico, com causas ainda variáveis e nem sempre fáceis de identificar. Os sintomas intensos podem ser confundidos com outros problemas de saúde, como o infarto, e é por isso que muitas pessoas buscam ajuda profissional. Não raramente, a síndrome do pânico vem acompanhada de outros transtornos emocionais, como ansiedade e depressão.

Saber como evitar as crises ou ajudar um indivíduo nessas situações são passos importantes quando falamos de transtornos psicológicos. Por isso, conhecer as causas mais comuns, saber especificamente quais são seus sintomas e entender quais são as formas de diminuir os efeitos da síndrome do pânico podem ajudar na melhor compreensão do problema.

SUMÁRIO

1

INTRODUÇÃO

Os transtornos de ansiedade englobam diversos outros transtornos, como é o caso da síndrome do pânico, ou transtorno do pânico (TP). De uma maneira geral, todos os distúrbios dentro desse espectro carregam, como principal gatilho, o medo. Medo de que algo ruim aconteça, medo de que alguém morra e até medo da própria morte são alguns dos sintomas que caracterizam crises e ataques — principalmente em pacientes com TP.

Esse distúrbio, chamado em termos médicos de "ansiedade paroxística episódica", é mais comum do que parece e atinge cerca de 4% da população mundial. É caracterizado por picos de medo e desespero, que desencadeiam crises de ansiedade aguda e intensa, surgindo de forma repentina.

Esses eventos possuem uma recorrência, tendo a possibilidade de acontecer novamente tanto no mesmo dia quanto meses depois, e são acompanhados tanto de preocupação quanto de perdas no dia a dia do paciente. O necessário para caracterizar o paciente com TP é exatamente o ataque de pânico ser mostrado como inesperado e recorrente. Contudo, a presença de crises esperadas (que possuem motivo aparente) não exclui o reconhecimento do transtorno, por isso é preciso analisar caso por caso e, dependendo da variação cultural, o que pode ser um ataque esperado em um lugar, em outro pode ser considerado inesperado.

Características

O diagnóstico se dá quando o indivíduo, além da preocupação acerca dos ataques e de suas consequências, possui sentimentos constantes, mas com algumas interrupções, de ansiedade, os quais são mais amplamente relacionados a preocupações com a saúde em geral e com a saúde mental em específico.

Segundo o Manual Diagnóstico e Estatístico de Transtornos Mentais (DSM-5), pessoas com transtorno de pânico costumam especular com frequência um resultado catastrófico a partir de um sintoma físico leve ou efeito colateral de medicamento, pensar que podem ter um infarto agudo do miocárdio ou pensar que uma dor de cabeça significa a presença de um tumor cerebral. Ou seja, diferentemente das pessoas sem o distúrbio, os portadores da síndrome do pânico, em geral, não conseguem compreender os efeitos colaterais de medicamentos.

Fora isso, também há muitas preocupações acerca da capacidade de concluir as tarefas ou suportar as situações estressantes diárias, levando ao abuso de drogas (álcool, medicamentos de prescrição ou drogas ilícitas) ou comportamentos extremos que visam controlar os ataques de pânico (restrições severas na ingestão de alimentos ou evitação de alimentos ou medicamentos específicos devido a preocupações a respeito dos sintomas físicos que provocam ataques de pânico).

Tipos de crise

Há dois tipos de crise quando se trata de TP: a não situacional e a situacional. A primeira acontece quando a pessoa possui os ataques de pânicos em qualquer ambiente, sendo lugar aberto ou fechado, e não tem diferenciação. Já o segundo tipo, está geralmente relacionado ao primeiro ataque de pânico que ocorreu com o indivíduo. Por exemplo, se um paciente teve esse primeiro ataque no trânsito, ele poderá desenvolver um pânico situacional, ou seja, toda vez que ele estiver em um engarrafamento, terá uma crise. É o mesmo caso de um local fechado: se a pessoa desenvolveu um ataque de pânico em um lugar assim, ela passará a evitar locais que imagina serem capazes de causar uma nova crise.

Dentro da crise não situacional, encontramos os ataques de pânico noturno (acordar do sono em um estado de pânico, que difere de entrar em pânico depois de completamente acordado). De acordo com o DSM-5, foi estimado que, nos Estados Unidos, esse tipo de ataque ocorra pelo menos uma vez em, aproximadamente, um quarto a um terço dos indivíduos com transtorno de pânico, dos quais a maioria também apresenta ataques de pânico durante o dia.

Causas

Embora a medicina não tenha chegado a uma conclusão acerca de quais são os motivos da síndrome do pânico, sabe-se que estresse, predisposição genética e temperamento suscetível ao estado emocional alterado podem contribuir para o desenvolvimento da doença. Ou seja, na maior parte dos casos, não existe uma causa aparente, já que o desencadeamento da crise é repentino, pegando o indivíduo despreparado.

Contudo, segundo diversos estudos, ela aparenta ser uma doença hereditária, que afeta principalmente mulheres, e que costuma surgir no final da adolescência e início da vida adulta. Já outras especulações demonstram que esses ataques podem derivar de momentos não resolvidos, que se acumularam ao longo dos anos. Alguns exemplos são experiências angustiantes na vida do paciente; uso de drogas estimulantes, como cocaína; consumo de anfetaminas, presentes em medicamentos para emagrecer; e abuso de álcool e outros inibidores do sistema nervoso.

Junto com isso, surgem as crises de ansiedade, fazendo com que o paciente tenha medo de tudo e necessite de ajuda para enfrentar situações comuns do cotidiano. Outra hipótese é uma disfunção do sistema de alerta do cérebro: esse sistema é acionado naturalmente em situações que causam medo, porém quem sofre do transtorno pode ter esse processo iniciado sem uma causa específica.

Além disso, ocorre de indivíduos terem uma crise de pânico em algum momento da vida, mas não voltarem mais a apresentar os sintomas nem desenvolverem a síndrome.

Gatilhos

Em relação aos momentos traumáticos que podem desencadear os ataques de pânico, uma pesquisa realizada pela publicação médica *Journal of Psychosomatic Research*, em Oxford, na Inglaterra, denominada *The Social Readjustment Rating Scale* (Escala de Acontecimentos da Vida), elencou os principais gatilhos propulsores de crises de ansiedade. Eles são descritos por pontuações de 11 a 100 (mínima e máxima, respectivamente), de acordo com os menores e principais fatos responsáveis. Com a máxima de 100 pontos, o principal fator está relacionado à morte do cônjuge. Em seguida, vem o divórcio com 73 pontos e a separação conjugal com 65, enquanto a prisão e a morte de um membro próximo da família apresentam 63. Entre as menores pontuações, estão a mudança dos filhos para outra localidade, 29, e pequenas violações da lei, com 11 pontos.

Já quando se trata das crises situacionais, segundo o livro *Desmistificando a Síndrome do Pânico, Depressão e Principais Fobias*, escrito pela médica Tatiana Tanaka, os lugares que mais amedrontam quem sofre com o transtorno são elevadores, que podem provocar o sentimento de que a engrenagem da estrutura vai romper e seu sistema parar a qualquer momento; shoppings e lojas, por configurarem o medo de que toda a estrutura desabe repentinamente; apartamentos (principalmente localizados em andares altos), que, para o paciente, podem desmoronar ou pegar fogo a qualquer hora; estádios de futebol, lugares lotados e filas de bancos, pela concentração de várias pessoas no mesmo local; e carros, ônibus, trens, metrôs e outros veículos capazes de provocar acidentes e, consequentemente, muitas mortes.

Dados do Brasil e do mundo

Segundo dados da Organização Mundial da Saúde (OMS), o transtorno do pânico atinge cerca de até 4% da população no mundo todo. Ainda não existem dados oficiais sobre o predomínio do transtorno de pânico em relação à população brasileira. Contudo, um estudo realizado com pessoas da cidade de São Paulo encontrou uma prevalência de 1,6% para TP ao longo da vida e de 1% em um ano. Já nos Estados Unidos e em alguns países europeus, segundo o DSM-5, a estimativa de prevalência de um ano para o TP é de 2 a 3% em adultos e adolescentes. Também nos Estados Unidos, taxas significativamente mais baixas de transtorno de pânico são relatadas entre latinos, afro-americanos, negros caribenhos e asiáticos-americanos, em comparação a brancos não latinos; os indígenas americanos, em contrapartida, têm taxas bem mais altas.

Ainda segundo o DSM-5, estimativas mais baixas foram relatadas em países asiáticos, africanos e latino-americanos, variando de 0,1% a 0,8%. Quando se trata de crises de pânico, e não da síndrome em si, o *National Comorbidity Survey Replication* (NCS-R), um estudo realizado com 9.282 participantes a respeito de saúde mental nos Estados Unidos, estimou que 23% da população do país preencheram critérios para ao menos um ataque de pânico isolado ao longo da vida. Em relação ao gênero, as mulheres são afetadas duas vezes mais que os homens, sendo que essa diferença já é perceptível antes dos 14 anos de idade. Embora ocorram ataques de pânico em crianças, a prevalência geral do transtorno é menos do que 0,4%. Na terceira idade, os números também são baixos: 0,7% em adultos acima de 64 anos.

2

COMO CONSEGUIR DIAGNÓSTICO

Diferente da ansiedade, considerada um estado natural do ser humano diante de situações de perigo iminente, os ataques de pânico surgem de forma inesperada, levando o indivíduo a emoções extremas de maneira muito rápida. Ao apresentar um trabalho no colégio, por exemplo, um adolescente pode se sentir desconfortável e ansioso, mas as sensações aparecem como ondas, sem picos.

No transtorno de pânico, ao contrário da sensação de ansiedade, o indivíduo pode apresentar todos os sintomas, como se eles atingissem o auge, podendo durar de 15 a 30 minutos, dependendo da pessoa e da intensidade do ataque. Como os sintomas demoram para passar, muitos pacientes com a síndrome permanecem sentindo perda de controle sobre si mesmos durante o ataque e criam um medo intenso de terem novas crises.

Mas como o processo funciona? Quando o ataque se inicia, o sistema ativado pela noradrenalina inunda o corpo com esse neurotransmissor. Isso causa uma espécie de reação evolutiva, em que o corpo se prepara para lutar ou fugir. É um ataque de medo ou desespero. O organismo se prontifica para ser atacado, então escolhe ficar imobilizado ou sair correndo — essa reação é totalmente individual. Em outras palavras, os sintomas estão ligados à liberação maciça de adrenalina e podem surgir a partir de um estado calmo ou de um estado ansioso.

Para identificar um ataque de pânico, de acordo com o Manual Diagnóstico e Estatístico de Transtornos Mentais, é necessário possuir quatro (ou mais) dos seguintes sintomas físicos ou cognitivos: palpitações, coração acelerado, taquicardia, sudorese, tremores ou abalos, sensações de falta de ar ou sufocamento, sensações de asfixia, dor ou desconforto torácico, náusea ou desconforto abdominal, sensação de tontura, instabilidade, vertigem ou desmaio, calafrios ou ondas de calor, anestesia ou sensações de formigamento, desrealização (sensações de irrealidade) ou despersonalização (sensação de estar se distanciado de si mesmo), medo de perder o controle ou "enlouquecer" e medo de morrer. Contudo, um ponto a se destacar é que, dependendo da cultura, podem ser vistos sintomas específicos, como tinido, dor na nuca, cefaleia, gritos ou choro incontrolável, mas esses sinais não devem contar como um dos quatro sinais exigidos.

Além disso, o diagnóstico do TP também exige que o paciente sinta, após o ataque de pânico, durante um mês (ou mais), apreensão ou preocupação intensa em relação a novos ataques e suas possíveis consequências, como achar que pode perder o controle ou ter um infarto.

O indivíduo ainda altera alguns hábitos, a fim de não desencadear novas crises, como evitar lugares ou situações traumáticas. Outro fator importante — e que confunde muita gente — é que a síndrome do pânico não pode ser derivada da reação adversa do uso de medicamentos ou de outra condição médica, como hipertireoidismo ou doenças cardiopulmonares.

Quais profissionais procurar

Quando detectados os sintomas, deve-se lembrar de que a síndrome do pânico é um transtorno mais normal do que se imagina. O primeiro passo, apesar de ser um dos mais difíceis, é assumir que está com problemas e tomar coragem para procurar ajuda especializada. Isso é essencial para o tratamento e deve ser feito de imediato. É comum as pessoas com a síndrome acreditarem que nada poderá ajudá-las e se sentirem sempre fracas, desamparadas e impotentes. Não é preciso ter vergonha de procurar ajuda, o trabalho de um especialista é importante para encontrar meios seguros de tratar o problema.

O paciente deverá recorrer ao clínico geral, psicólogo ou psiquiatra. A qualquer sinal de crises de pânico, um especialista deve ser consultado de imediato, já que os ataques são difíceis de controlar sozinho e podem piorar se não houver acompanhamento adequado. Se não conseguir marcar uma consulta, o ideal é procurar alguém de confiança para auxiliá-lo e contar o que está acontecendo. Talvez um familiar ou um amigo poderá acompanhar a pessoa até o consultório, dando apoio moral ou até ajudando a descrever os sintomas, já que a ansiedade pode dificultar o relato.

Exames necessários

Ao se consultar com o especialista, poderá ser pedido vários exames e testes. No início, é realizado um exame físico. Em seguida, análises de sangue, a fim de checar o funcionamento da tireoide, e um eletrocardiograma, para verificar como está o coração. Além disso, uma avaliação mental também é necessária para que o diagnóstico seja finalizado. Durante a conversa, é fundamental que o paciente descreva detalhadamente tudo o que sente. Algumas perguntas que poderão ser feitas pelo especialista são:

O que está sentindo e quando notou essas sensações pela primeira vez?

Ocorrem com muita frequência?

Quanto tempo as crises costumam durar?

Você acredita que elas surgem sem motivo aparente ou que há algum gatilho, como uma situação ou um lugar, que pode desencadear o ataque?

Você evita lugares ou pessoas com medo de novas crises acontecerem?

Esses sintomas afetam de alguma forma sua vida profissional ou pessoal?

Houve algum evento traumático que se recorde durante sua vida?

A relação com sua família é boa? Há histórico familiar de síndrome do pânico ou de algum outro transtorno mental?

Você possui algum problema de saúde? Consome cafeína, bebidas alcoólicas ou drogas com frequência?

Se as respostas forem afirmativas para ataques de pânico frequentes e inesperados, acompanhados por medo e angústia pela probabilidade de uma nova crise e pelas consequências dela (como perda de controle, ataque cardíaco ou mudanças de comportamento), se o paciente evitar situações e lugares e for descartada a hipótese das crises serem causadas por abuso de substâncias, o diagnóstico pode ser de síndrome do pânico.

Grupos e fatores de risco

Em termos médicos, grupos de risco correspondem a uma população sujeita a determinados fatores ou com características específicas, que a tornam mais propensas a ter ou adquirir tal doença. Indivíduos sensíveis, por exemplo, são geralmente pessoas mais suscetíveis a desenvolver o transtorno de pânico do que outras, pois sentem muito mais as variações emocionais que acontecem ao redor deles. Além disso, é comum que pacientes com o TP sejam extremamente produtivos, acumulem funções, assumam grandes responsabilidades, sejam perfeccionistas, muito exigentes consigo mesmos e não aceitem bem erros ou imprevistos, pois, ao conhecerem sua capacidade, se cobram exageradamente. Essa cobrança gera muito estresse, que pode ser uma das causas dos ataques de pânico.

Outro fator é a genética. Uma grande quantidade de pessoas que desenvolve a doença possui uma característica hereditária: filhos de pais que têm ataques de pânico têm até oito vezes mais chances de desenvolver a doença do que pessoas que não têm parentes com o transtorno de pânico.

Mas, às vezes, nem sempre existem esses fatores, podendo ser apenas alguma outra doença, como a depressão, que provoca o distúrbio, ou também pode não haver nenhuma causa aparente.

A síndrome do pânico se inicia, geralmente, no final da adolescência ou ainda no início da vida adulta e, principalmente, em mulheres. Ou seja, elas constituem outro grupo de risco.

Outras pesquisas mostram que, se um gêmeo univitelino tem a síndrome, o outro terá, aproximadamente, 43% mais risco de também apresentar, do que se fossem bivitelino.

Em relação aos fatores externos, análises prévias têm associado experiências traumáticas na infância ao desenvolvimento do TP na idade adulta, além de eventos estressantes também terem relação, sendo que cerca de 80% dos pacientes relataram estressores de vida nos 12 meses que precederam o início do transtorno. O uso de substâncias ilícitas, como anfetamina, cocaína, maconha ou LSD (droga sintética) são questões externas que também podem desencadear a síndrome. Até uma grande quantidade de café talvez ajude no aparecimento de crises.

De acordo com o artigo *Transtorno do Pânico*, escrito por Giovanni Abrahão Salum, Carolina Blaya e Gisele Gus Manfro, os fatores socioeconômicos, como etnia, estado civil, grau de escolaridade e renda não parecem ter elevado grau de importância na associação com o TP. O tabagismo e a dependência de nicotina na adolescência têm sido implicados como fatores de risco para o desenvolvimento da síndrome na vida adulta, mas a causalidade dessa associação ainda é questionável.

Outros quesitos que podem ser considerados de risco são a morte ou o adoecimento de uma pessoa próxima, alguma mudança radical ocorrida na vida do paciente, histórico de abuso sexual durante a infância e/ou o indivíduo ter passado por alguma experiência traumática, como um acidente.

3

POSSÍVEIS CONSEQUÊNCIAS

A síndrome do pânico pode ter como consequência a mudança do comportamento do paciente em casa, na escola ou no trabalho. Isso se dá devido à pessoa se preocupar exageradamente com os efeitos de seus ataques de pânico, podendo até mesmo levar a outros problemas graves, como alcoolismo, depressão e abuso de drogas, além de outros transtornos psicológicos.

É comum as pessoas associarem a ingestão de bebidas alcoólicas a uma sensação de alívio da ansiedade. Porém, após o uso dessa substância, essa sensação pode voltar ainda mais intensa e com mais sintomas físicos, pois o álcool possui um efeito inicial semelhante aos ansiolíticos, causando uma diminuição da ansiedade e da tensão muscular, mas, com o passar do tempo, o uso contínuo da substância tem um grande potencial à dependência.

De acordo com o Manual Diagnóstico e Estatístico de Transtornos Mentais, a apreensão acerca dos ataques de pânico ou de suas consequências, geralmente, relacionam-se a preocupações da saúde, como a de que os ataques de pânico reflitam a presença de doenças ameaçadoras à vida (doença cardíaca, convulsões); preocupações pessoais, como constrangimento ou medo de ser julgado negativamente pelos outros devido aos sintomas visíveis de pânico; e preocupações acerca do funcionamento mental, como "enlouquecer" ou perder o controle. Devido a isso, o indivíduo com o transtorno de pânico muda seus comportamentos na tentativa de minimizar ou evitar os ataques e suas consequências.

São alguns outros exemplos de mudanças de comportamento: fugir de esforços físicos, reorganizar o cotidiano para garantir que haja ajuda no caso de um ataque de pânico, restringir-se das atividades diárias que realizava antes e esquivar-se de situações agorafóbicas, como sair de casa, usar transporte público ou fazer compras.

Outra complicação derivada do TP é o "medo de ter medo", ou seja, o indivíduo está frequentemente preocupado de se terá ou não outra crise de pânico. Essa preocupação é tão grande que, muitas vezes, a pessoa evita ao máximo situações e lugares em que ela imagina que as crises poderão ocorrer novamente.

Ainda segundo o Manual, se a agorafobia está presente, um diagnóstico adicional deve ser estabelecido, pois ela não se caracteriza como um sintoma do TP, mas sim como uma comorbidade. Essa patologia também é derivada da ansiedade, mas os sintomas surgem quando a pessoa está fora de casa, no meio de multidões ou em situações das quais não possa sair com facilidade. No entanto, não se deve confundir com o pânico, já que existe transtorno do pânico sem agorafobia.

Além dos sintomas das crises de ansiedade, como palpitações, mãos frias e suadas, sensação de nó na garganta e eventual falta de ar, são também comuns no distúrbio pensamentos como medo de perder o controle ou desmaiar. Esses sintomas levam o paciente a evitar uma situação que desencadeia os s sintomas ou uma crise, o que afeta severamente a vida social da pessoa, causando um sofrimento ainda maior.

Toda dificuldade que a agorafobia causa, como permanecer em locais públicos ou com um grande aglomerado de pessoas, pode, em muitos casos, ser atenuado com companhia. Muitas vezes, basta a presença de um único conhecido, como uma criança do seu meio familiar ou social, para que o paciente consiga ultrapassar os sintomas em certas situações. Há casos em que o portador não tolera sequer estar sozinho em casa, exigindo sempre a companhia de alguém. Contudo, esse comportamento acaba por desgastar todo o núcleo familiar ou social do indivíduo, já que a compreensão e a aceitação da patologia é um processo difícil para quem está ao redor.

A agorafobia possui causas multifatoriais — isso significa que não existe um único fator responsável por desencadeá-la. Mas, segundo alguns estudos recentes, ela está associada a um conjunto de susceptibilidade genética para características ansiosas que, junto com experiências vividas de forma negativa, podem ocasionar o quadro. O distúrbio necessita, de tratamento multidisciplinar com fármacos e psicoterapia cognitivo-comportamental.

Além da agorafobia, existem outras doenças que podem surgir quando se trata do TP. De acordo com dados do artigo citado anteriormente, quase 100% dos pacientes que possuem TP com agorafobia, e cerca de 83% dos pacientes com TP sem agorafobia, apresentam ao menos uma comorbidade psiquiátrica.

Considerando o transtorno de pânico com agorafobia, 95% dos pacientes têm algum outro transtorno de ansiedade, enquanto 64% possuem ao menos um transtorno de humor, 63% têm algum transtorno de controle de impulsos e 31% dos entrevistados apresentam quadros de abuso ou dependência de álcool ou algum tipo de droga. Entre os transtornos de ansiedade analisados, a fobia específica é a comorbidade mais comum, identificada em 74% dos casos, seguida do transtorno de ansiedade social, com 66%, do transtorno de ansiedade generalizada, 32%, e da ansiedade de separação 13%.

Segundo o artigo, em relação aos transtornos do humor, quase 50% dos entrevistados preenchem critérios para depressão maior, 16% para transtorno do humor bipolar (tipos 1 e 2) e 10% para distimia. Considerando dependência de álcool ou drogas, 14% responderam para apenas dependência de álcool e 11% marcaram para dependência de drogas.

Transtornos de controle de impulsos

A conduta pode vir a ser uma comorbidade do TP e é classificada pelo DSM-5 como condições que envolvem dificuldades de autocontrole de emoções e comportamentos. Enquanto outros transtornos também podem conter problemas na regulação emocional e/ou comportamental, os transtornos de controle de impulsos são exclusivos de disfunções que se manifestam em comportamentos que violam os direitos dos outros (agressão, destruição de propriedade) e/ou colocam o indivíduo em conflito significativo com normas sociais ou figuras de autoridade.

Alguns exemplos que podem ser listados são cleptomania (distúrbio psicopatológico que faz a pessoa furtar coisas sem ter consciência do ato) e transtorno explosivo intermitente (caracterizado pela incapacidade da pessoa de controlar impulsos agressivos).

Transtornos de ansiedade

Essa patologia engloba diversos tipos de transtorno, incluindo o de pânico. Contudo, o paciente pode desenvolver dois ou mais em um mesmo momento, o que caracteriza a comorbidade. Os principais transtornos relacionados ao TP são:

Fobia específica: é um medo incontrolável de algum objeto ou situação. Por exemplo, fobia de andar de avião ou de trovões. Na maior parte dos casos, a fobia é consciente e reconhecida pela pessoa que sofre do transtorno, porém não existe uma razão específica para que isso ocorra.

Transtorno de ansiedade generalizada: a pessoa que sofre com esse distúrbio, geralmente, possui nível de ansiedade desproporcional aos acontecimentos, preocupação intensa e estado de apreensão constante, o que interfere na vida pessoal e profissional, chegando a ser debilitante. Além de sintomas como inquietação, irritabilidade, dificuldade de concentração e perturbação do sono, essas sensações costumam ocorrer todos os dias, por um período mínimo de seis meses. O tratamento pode ser feito por meio de medicamentos e terapia cognitivo-comportamental.

Fobia social: também chamada de transtorno de ansiedade social, ela se caracteriza por preocupação e pavor intenso ao ter contato com outras pessoas. Sentir-se um pouco tímido ou inseguro em certos ambientes e diante de desconhecidos é algo comum, porém pessoas que sofrem desse transtorno evitam a qualquer custo esse tipo de situação, a ponto de comprometerem o campo profissional e pessoal.

Transtorno da ansiedade de separação: pode se manifestar pela primeira vez em bebês a partir dos oito meses e, normalmente, desaparece após os dois anos. Porém, cerca de um terço dos casos pode persistir até a idade adulta, quando não é feito o tratamento adequado. Considerando que mais de 75% dos transtornos mentais começam na infância, é importante buscar o diagnóstico o quanto antes. Essa ansiedade de separação se torna um transtorno quando o medo de separar-se de casa ou de figuras de apego é excessivo, afetando o desenvolvimento e a qualidade de vida da pessoa. Os principais sintomas do distúrbio são: sofrimento exagerado e recorrente diante da ocorrência ou da previsão de afastamento de casa ou de figuras importantes de apego;

preocupação com o bem-estar ou a morte dessas figuras, particularmente quando está longe delas, precisando saber seu paradeiro e querendo ficar em contato o tempo todo; e preocupação com eventos indesejados consigo mesmos, como se perder, ser sequestrado ou sofrer um acidente, que os impediriam de se reunir à família, por exemplo.

É necessário realizar alguns exames para descartar possíveis doenças físicas que possam disfarçar o quadro dos transtornos de ansiedade, como o hipertireoidismo. No entanto, de forma geral, o diagnóstico é clínico, ou seja, existem critérios que precisam ser analisados, tais como: ansiedade e preocupações excessivas (expectativa apreensiva), ocorrendo na maioria dos dias, pelo período mínimo de seis meses, com eventos como desempenho escolar ou profissional; o indivíduo considera difícil controlar a preocupação; a ansiedade, a preocupação ou os sintomas físicos causam sofrimento clinicamente significativo ou prejuízo no funcionamento social da pessoa.

Depressão

A depressão é uma das doenças mais comuns dos dias atuais e também pode ser (ou não) uma derivação do TP. Estudos recentes da OMS mostram que 5% da população mundial, aproximadamente 350 milhões de pessoas, sofrem de depressão e, até 2030, a doença será a mais comum do mundo, à frente do câncer e de problemas cardíacos. No Brasil, ela atinge cerca 10% da população, mas apenas 4,2% sabem que têm a doença. Ela pode ser ocasionada por fatores psicológicos, biológicos ou ambientais. Quando se trata do fator psicológico, a depressão está relacionada a experiências de perdas significativas, como morte de um ente querido ou amigo próximo, perda de um emprego, de um local de moradia, de status socioeconômico, doença grave ou crônica, ou algo puramente simbólico e importante para aquela pessoa o qual não possa ser alcançado ou tenha sido perdido.

Grande parte da população confunde tristeza com depressão, porém são coisas distintas. A tristeza não é uma doença, diferentemente da depressão. É muito comum ficar triste com algum fato da vida, e isso é normal. Essa tristeza é passa e não impede a pessoa de reagir com alegria em momentos motivadores. Mas isso não acontece na depressão. As pessoas com a condição não reagem a boas situações que ocorrem em sua vida e ficam desanimadas. O principal sintoma é a predominância do humor triste e da angústia, além de o choro ser fácil e frequente.

Outros sintomas são visão de mundo pessimista, baixa autoestima, sentimento de incapacidade, irritabilidade, falta de concentração, insônia ou hipersonia (dificuldade em dormir ou até mesmo sono excessivo) e também alterações no apetite, que pode estar aumentado ou diminuído, levando a ganho ou perda do peso. Existem alguns tipos da doença, sendo eles:

Depressão sazonal: a falta de luz solar é o fator dessa patologia, pois a ausência da luz pode provocar alterações de humor. Durante épocas mais frias, como o outono e o inverno, por conta de as pessoas não terem tanto contato com a luz, acabam desenvolvendo depressão. Isso é muito comum em países cujas estações são mais definidas, como os do Hemisfério Norte.

Depressão psicótica: os pacientes que sofrem com esse tipo apresentam os sintomas comuns da depressão mais clássica. Além disso, podem ocorrer casos de rompimentos com a realidade, levando os portadores a terem momentos de alucinações e delírios.

Depressão pós-parto: com a chegada do bebê, a pessoa pode entrar em depressão e sentir uma profunda tristeza. Esse quadro se intensifica cada vez mais, a ponto de incapacitá-la de realizar as tarefas comuns do dia a dia. Essa situação ocorre devido a vários fatores, mas principalmente à diferença hormonal após a dar à luz. Na gestação, o organismo está submetido a altos níveis de estrógeno e progesterona e, algumas horas após o parto, o nível desses hormônios cai drasticamente. A consequência, muitas vezes, é a depressão.

Transtorno bipolar

Estimativas da OMS apontam que esse transtorno atinge aproximadamente 140 milhões de pessoas em todo o mundo. A bipolaridade, ou doença maníaco-depressiva, caracteriza-se por alterações acentuadas do humor, que se manifestam como episódios de euforia (mania) e depressão, em diversos graus de intensidade. Costuma aparecer no final da adolescência ou início da vida adulta, entre 15 e 25 anos. Entretanto, existem casos em que a doença pode se desenvolver na terceira idade. Nesse caso, homens e mulheres são igualmente atingidos, sem nenhuma proporcionalidade maior para um ou outro. Separado em dois períodos, a euforia é quando há comportamentos ou sensações anormais de energia, felicidade ou mesmo irritabilidade. Já nas fases depressivas, normalmente, há tristeza, pensamentos negativos e isolamento.

Distimia

Ela se difere da depressão comum devido à sua intensidade, já que a depressão costuma se iniciar de uma hora para outra. No caso da distimia, desde a infância, as pessoas que sofrem desse mal já são consideradas pessoas que se relacionam com dificuldade. Isso ocorre pois elas ficam irritadas, mal-humoradas e desanimadas na maior parte do tempo.

A distimia acontece quando o indivíduo não se reconhece e apresenta menos energia para realizar suas atividades. Porém, sua condição ainda não oferece prejuízo funcional e de socialização. Assim, o paciente consegue seguir sua agenda e fazer todas as tarefas normalmente, mesmo que falte o sentimento de prazer.

Síndrome do Pânico na gravidez

Os ataques de pânico são mais comuns durante o período pré-menstrual, devido a alterações nos níveis de progesterona e estrogênio. Existem casos também em que o transtorno do pânico ocorre durante a gestação.

Os motivos de uma pessoa desenvolver o pânico ou outros transtornos de ansiedade na gravidez ou no pós-parto são multifatoriais. Algumas das causas podem ser a alteração da rotina com a chegada da maternidade, os assuntos (em alguns casos) mal resolvidos com o pai do bebê, questões hormonais desordenadas, entre outras.

Contudo, a relação entre gravidez e transtorno do pânico ainda é muito conflitante e não se tem constatação científica.

Pesquisadores que estudaram gestantes acometidas pelo TP antes da gravidez percebeu que cerca de 40% não mostraram alterações nos sintomas, 30% notaram uma melhora e 30% pioraram o quadro. Outro ponto importante é que nenhum estudo indica uma relação entre ataques de pânico e alterações no desenvolvimento do bebê.

Risco de suicídio

O DSM-5 destaca outro fator decorrente dos ataques de pânico ou diagnóstico de transtorno do pânico: a alta taxa de tentativas de suicídio e imaginação suicida, mesmo nos casos em que as comorbidades e outros fatores de risco de suicídio são levados em consideração.

Consequências funcionais

Não é só o psicológico que é afetado pelo TP. O transtorno também está associado à incapacidade social, profissional e física; a problemas com gastos financeiros consideráveis; e ao número mais alto de consultas médicas.

O Manual relata que os indivíduos com a síndrome do pânico podem se ausentar com frequência do trabalho ou da escola para visitas ao médico, o que pode levar a desemprego ou evasão escolar. Os ataques de pânico completos geralmente estão associados a maior morbilidade e utilização de serviços de saúde, aumento da incapacidade e pior qualidade de vida do que os ataques com sintomas limitados.

4

O QUE EXISTE DE TRATAMENTO?

É preciso ficar atento para não confundir os diagnósticos em relação ao transtorno do pânico (TP), porque só assim o tratamento será adequado. Se o indivíduo nunca vivenciou ataques de pânico com sintomas completos ou vivenciou, mas com sintomas limitados, deve ser considerado como transtorno de ansiedade especificado ou transtorno de ansiedade não especificado. Além disso, o TP não pode ser diagnosticado se as crises de pânico são consequências fisiológicas diretas de outra condição médica.

Alguns exemplos dessas condições que podem causar os ataques são hipertireoidismo, hiperparatireoidismo, feocromocitoma, disfunções vestibulares, transtornos convulsivos e condições cardiopulmonares (arritmias, taquicardia supraventricular, asma ou doença pulmonar obstrutiva crônica).

Nesses casos, testes laboratoriais devem ser realizados, como medir os níveis de cálcio para diagnosticar hiperparatireoidismo ou monitorar a atividade elétrica cardíaca, a fim de descobrir possíveis arritmias. Para suspeitas de doenças do coração, exames físicos podem ser úteis na determinação de outra condição médica.

Se o paciente fizer uso direto de estimulantes do sistema nervoso central (cocaína, anfetaminas ou cafeína) ou maconha, e estiver em abstinência de depressores (álcool ou barbitúricos), não deve ser considerada síndrome do pânico, já que essas substâncias podem preceder uma crise. Entretanto, se os ataques continuam a ocorrer fora do contexto do uso das drogas, por exemplo, depois de muito tempo que terminaram os efeitos da intoxicação ou da abstinência, é possível que haja o diagnóstico de TP.

Na hora da consulta médica, deve ser analisado detalhadamente o histórico para determinar se o indivíduo teve ataques de pânico antes da ingestão da substância. Ainda é necessário considerar características como o início do uso das substâncias após os 45 anos de idade e a presença de sintomas atípicos durante um ataque de pânico (vertigem, perda da consciência, perda de controle esfincteriano, fala confusa, amnésia), que podem sugerir a possibilidade de que outra condição ou uma substância possam estar causando os sintomas típicos do TP.

Quando o indivíduo possui algum outro transtorno de ansiedade, as crises de pânico podem ocorrer como sintoma. Por exemplo, se uma pessoa possui a fobia específica e vivencia uma situação traumática ou está perto de um objeto que causa pânico, é comum o ataque. Contudo, isso não quer dizer que possua a síndrome em si, não satisfazendo os critérios para TP.

Resumidamente, de acordo com o Manual Diagnóstico e Estatístico de Transtornos Mentais, quando o indivíduo desencadeia ataques de pânico por alguma situação específica, o diagnóstico é de transtorno de ansiedade. Mas, caso os ataques ocorram sem motivo aparente, o TP é o diagnóstico mais provável.

Apesar de ser uma situação que atinge, aparentemente, apenas o indivíduo com TP, o transtorno também pode ser considerado um problema de saúde pública. Isso porque, geralmente, os pacientes buscam formas de evitar os ataques de pânico e também apresentam mudanças de comportamento, o que altera a forma como eles convivem com as pessoas ao redor. Indivíduos que sofrem com TP também podem apresentar menor produtividade no trabalho, ter ideação ou tentar o suicídio.

Frente a todos os efeitos negativos que o transtorno de pânico traz para a vida de seus pacientes e das pessoas que convivem com ele, a busca por um tratamento se mostra essencial para que haja uma melhora na qualidade de vida de quem sofre com esse transtorno.

Como tratar o Transtorno do Pânico

De acordo com o artigo *Transtorno do Pânico*, existem três opções de tratamento para quem convive com o TP. O primeiro é chamado de psicofarmacológico, em que é feito o uso de medicamentos para o controle do transtorno. O segundo é o psicoterapêutico em que o indivíduo tem assistência profissional de um psicólogo, realizando sessões de terapia para que lide melhor com as situações que levam aos ataques de pânico. Além dos tratamentos medicamentosos e terapêuticos feitos de forma individual, a terceira maneira de tratar o TP é com a combinação dos dois.

A escolha do modo de tratamento depende de uma consulta com profissionais como psiquiatras e psicólogos, que farão a avaliação da situação de cada pessoa e vão escolher a melhor forma de tratar o paciente, levando em consideração outros transtornos de humor e uso de substâncias, quando houver.

Quando se trata de medicamentos, ainda não há, ao certo, um tipo ou uma combinação considerada definitiva para acabar com as crises de pânico. Para casos em que haja necessidade de utilização de medicamentos, usa-se, hoje, os mesmos que são indicados para outros transtornos emocionais, como antidepressivos (que melhoram a função da serotonina).

Os recomendados no caso da síndrome do pânico são os antidepressivos chamados de inibidores seletivos da recaptação da serotonina (ISRS), que atuam inibindo o neurotransmissor defeituoso causador das crises de pânico. Os mais comuns são a nefazodona, o fluvoxamina e a sertralina. De acordo com o portal on-line da Agência Nacional de Vigilância Sanitária (Anvisa), os ISRS apresentam baixo risco de mortalidade, têm alta tolerância pelo organismo e também tratam a depressão, caso esteja associada ao TP. O ponto negativo é que demoram entre 4 e 12 semanas para começarem a fazer efeito, além de haver o risco de piora nas primeiras semanas de ingestão.

No início do tratamento, os benzodiazepínicos são os tipos de medicamento bastante indicados, porém os benefícios de seu uso são controversos. Apesar de inibirem rapidamente as crises de pânico, podem gerar dependência em longo prazo, além de prejuízos cognitivos ou sedação excessiva. Por isso, a indicação dos benzodiaepínicos (como clonazepam, diazepam e lorazepam) deve ter cuidado redobrado: enquanto algumas diretrizes não recomendam pelo risco de dependência, outras indicam para casos de pacientes que não têm histórico de dependência e até permitem a combinação com os ISRS para um melhor controle das crises.

Para a redução da intensidade e da frequência dos ataques são indicados os antidepressivos tricíclicos. No entanto, são menos utilizados por apresentarem mais efeitos colaterais, como lentidão, tontura, visão turva, sonolência, ganho de peso, hipotensão, fadiga, constipação e aumento do risco de overdose. Um exemplo dessa classe medicamentosa é a clomipramina, que age na recaptura dos neurotransmissores noradrenalina e serotonina.

De acordo com a Anvisa, medicamentos como inibidores da monoamina oxidase (IMAO), inibidores reversíveis da monoamina oxidase tipo A (RIMA) e anticonvulsionantes também podem ser utilizados para tratamento da síndrome, mas apresentam pontos negativos, como o risco de desenvolvimento de hipertensão e dependência.

Independentemente da classe de medicamentos indicada, é fundamental consumi-los somente com a prescrição médica. E, para que o transtorno esteja realmente controlado, o tratamento não deve ser abandonado sem a orientação do especialista, nem as dosagens reajustadas por conta própria.

Além do uso de psicofármacos, as psicoterapias também são formas de tratamento que mostram resultado quando se trata do TP, podendo ser realizadas por psicólogos ou psiquiatras. Um dos tipos de terapia que mostra mais soluções é a cognitivo-comportamental (TCC), que apresenta maior aderência pelos pacientes, tem um bom resultado frente a seu custo e também pode auxiliar no tratamento de comorbidades. Esse tipo de vertente terapêutica também é indicada para casos de indivíduos que não obtiveram sucesso nos tratamentos medicamentosos e, dessa maneira, consegue abranger ainda mais pessoas.

Estudos demonstram que cerca de seis sessões já começam a trazer benefícios para o paciente. As consultas ocorrem norteando o entendimento de que o transtorno do pânico tem como sintoma principal uma desregulação nos sistemas de alerta humano, ou seja, que existe uma interpretação catastrófica dos sintomas corporais relativos à ansiedade e a medos condicionados. O objetivo da terapia é reduzir a hipervigilância dos sintomas e novas crises, compreender e corrigir a causa das interpretações distorcidas e, caso exista, a eliminação da agorafobia. Para isso, determinadas técnicas podem ser utilizadas durante as sessões.

A psicoeducação busca privilegiar a pessoa em vez do problema, explicando as características do transtorno do pânico para que haja melhor assimilação dos comportamentos positivos e extinção dos não desejados, ressaltando orientações sobre atitudes eficazes a se adquirir para evitar o impacto da síndrome no ânimo e na qualidade de vida do paciente.

As técnicas cognitivas buscam ainda identificar e reestruturar pensamentos negativos que são automáticos e que aumentam a ansiedade, como as sensações de medo, pensamentos catastróficos quanto a sintomas físicos, desesperança e incapacidade de lidar com o pânico.

Uma das técnicas comportamentais é a de exposição que possui algumas fases. A primeira delas é a interoceptiva, que consiste em provocar sintomas por meio de exercício físico (coração acelerado e falta de ar, por exemplo), estimulando o paciente a se manter sem ansiedade.

Depois, parte-se para a exposição *in vivo*, na qual o paciente faz uma lista de locais que deixou de ir e coisas que deixou de fazer, além dos pensamentos automáticos e sintomas ansiosos que teve em experiências anteriores. O último passo é visitar lugares que produzem ansiedade, ficando um tempo mínimo e, após um determinado período, aumentar esse tempo. Assim, estimula-se a retomada completa dos locais frequentados.

Pelo receio de ter uma crise fora de um ambiente controlado, muitos com TP passam a sair apenas quando acompanhados, limitando seu convívio social e criando uma dependência, geralmente da família. Fazer com que o paciente volte, aos poucos, a sair sozinho faz com que a autoestima melhore e a autonomia aumente.

O tratamento combinado de medicamentos e psicoterapias busca lidar com as condições físicas e químicas (que envolvem hormônios e outros fatores do organismo), além da condição psicológica, que pode estar prejudicada tanto pelo TP quanto por transtornos comórbidos.

Terapias alternativas

Da mesma maneira que foi comprovada a efetividade na combinação de antidepressivos com a psicoterapia, existem tratamentos alternativos que auxiliarão ainda mais o paciente com TP. São opções que utilizam diferentes métodos, mas todas buscam diminuir o excesso de preocupações, reduzir o estresse que acaba tendo um peso enorme na mente, e amenizar as consequências da doença. É a partir dessa correspondência que surge a importância de mudar o estilo de vida em busca de hábitos mais saudáveis que, além de garantirem a longevidade, ainda trazem mais calma e felicidade para o dia a dia — características de que o indivíduo com a síndrome do pânico necessita.

Hipnose: Essa técnica pode ajudar no tratamento da síndrome do pânico quando utilizada como uma ferramenta, o que consiste em identificar conteúdos mais profundos da mente e encontrar a verdadeira causa do problema. Contudo, existem algumas contraindicações da hipnose, ou seja, não pode ser aplicada em todas as pessoas: é preciso avaliar as condições de saúde e emocionais de cada paciente.

Quiropraxia: É uma especialidade da fisioterapia que tem a função de diagnosticar, de prevenir e de tratar quadros de desordens do sistema neuro-músculo-esquelético. A quiropraxia pode ser bastante útil para aliviar sintomas de estresse e ansiedade, já que esses problemas costumam causar tensão muscular.

Massoterapia: Existem diferentes técnicas de massagem que podem servir para aliviar a rigidez dos músculos, a relaxar, a melhorar a circulação sanguínea e a amenizar o estresse. É comum, com os transtornos emocionais, que o corpo fique excessivamente tenso, provocando outros sintomas, como dores de cabeça e mal-estar. A massagem, se bem realizada, ajuda a amenizar esses incômodos.

Tai Chi Chuan: caracterizada como uma arte chinesa milenar, serve como aliada no tratamento de diversas doenças. De acordo com a Sociedade Brasileira de Tai Chi Chuan e Cultura Oriental, a prática traz inúmeros benefícios, como fortalecer músculos e ossos, ativar a circulação sanguínea, aumentar a atividade do sistema endócrino, além de colaborar na produção de endorfinas, relaxando e gerando felicidade.

O Tai Chi Chuan é um exercício físico de baixo impacto, que trabalha simultaneamente o corpo e a mente do indivíduo. A técnica consiste em movimentos lentos e relaxantes, que promovem o autoconhecimento e a maior percepção da respiração, o que colabora com o alívio da ansiedade.

Yoga: além de auxiliar na respiração e no bom desempenho do sistema nervoso, a técnica proporciona o aumento da concentração e a diminuição da ansiedade. O yoga apresenta efeitos positivos em diversos distúrbios, como a depressão e o pânico.

Durante uma crise, por exemplo, sintomas como falta de ar e taquicardia são bastante comuns, e o yoga trabalha exatamente esses fatores, utilizando técnicas de respiração para que o nervosismo, o estresse e os pensamentos negativos sejam reduzidos. Existe a possibilidade de realizá-la em casa, mas também há a prática de yogaterapia, em que o paciente é atendido por um yogaterapeuta, o qual fará uma avaliação e montará uma estratégia terapêutica individual.

Pilates: Desde que não haja nenhuma contraindicação médica, qualquer pessoa é livre para realizar a prática, desde crianças acima de sete anos de idade até idosos. Há diversos estúdios e lugares que oferecem o método, que serve para aperfeiçoar e potencializar a capacidade respiratória. Isso é devido à forma com que se executa os exercícios, em sincronia com a respiração, dando uma melhor qualidade ao movimento e acalmando o aluno.

Além de ser um exercício físico, é uma atividade mental, tendo como principal objetivo trabalhar o corpo associado à mente.

Arteterapia: Com o uso de desenhos, pinturas, modelagem, dança, música, interpretação, poesia, entre diversos outros tipos de manifestação artística, a técnica permite que as pessoas expressem seus sentimentos e reflitam sobre os próprios objetivos de vida. Indivíduos com problemas emocionais têm um bom índice de melhora com o tratamento.

Calotonia: Essa terapia tira proveito da sensibilidade da pele para promover o bem-estar físico e emocional. Por meio de toques, que podem ser por todo o corpo, mas que se concentram nos pés e na nuca, o método induz ao relaxamento, agindo sobre o lado emocional do indivíduo.

Cantoterapia: O método utiliza a arte da voz não só como lazer, mas também como terapia. A cantoterapia é bastante eficaz para desinibir pessoas tímidas e ainda melhorar sua expressão. Ela, acima de tudo, atua como uma importante ferramenta contra um dos principais males comórbidos ao TP, como é o caso da depressão.

Acupuntura: É um tratamento que teve origem na China há, aproximadamente, cinco mil anos e utiliza a inserção de agulhas em diversos pontos do corpo, atravessando a pele e demais tecidos, com diferentes profundidades e modos de estimulação, a fim de obter os efeitos desejados na recuperação da saúde e da qualidade de vida.

A acupuntura tem sido muito difundida por sua eficaz atuação na dor de diversas origens, sendo que várias pesquisas têm aprofundado as teorias sobre os mecanismos analgésicos dessa especialidade. A Organização Mundial da Saúde lista mais de 40 doenças que apresentam indicação de tratamento pela acupuntura, incluindo distúrbios mentais.

5

ORIENTAÇÕES PROFISSIONAIS

Uma das sensações mais comuns relatadas por pacientes com transtorno do pânico é achar que estão sofrendo um infarto. Isso ocorre porque ambos os problemas podem provocar falta de ar, suor excessivo e náuseas. Contudo, é importante diferenciar os sintomas para identificar o tipo de ajuda necessária.

No caso do infarto, o motivo que leva aos sintomas é a obstrução parcial ou total de uma artéria. Esse entupimento impede que a quantidade ideal de sangue chegue até a região lesionada, provocando a morte muscular. Em outras palavras, como não há irrigação de sangue, o tecido — na região do coração — morre. Além dos sintomas citados anteriormente, o infarto possui outros sinais, como uma pressão desconfortável no peito ou nas costas (que demora mais do que 10 minutos para desaparecer) e irradiação da dor por ombros, pescoço, mandíbula ou braços (principalmente o esquerdo). Há ainda aqueles pacientes que apresentam tontura, palidez, sensação de peso no estômago, queda da pressão arterial e confusão mental.

Aparentemente, o ataque ou crise de pânico se assemelha ao infarto, mas há diferenças notáveis. No início de um ataque, a sensação é a de que o corpo nota um perigo — que, na verdade, não existe — e prepara-se para fugir ou atacar. Isso faz com que o organismo libere adrenalina em excesso, provocando falta de ar, taquicardia, sudorese e náuseas. A diferença está na ausência das dores que se irradiam pelo corpo e os pensamentos que surgem à mente. É comum sentir medo, ansiedade ou a possibilidade de morte aparente.

Depois que atingem o pico, os sintomas da crise do pânico costumam perdurar entre 15 e 30 minutos. No entanto, a sensação de cansaço, esgotamento ou mal-estar pode permanecer por muitas horas após a crise. É importante buscar ajuda especializada assim que surgirem os primeiros sintomas.

Com o tempo, de acordo com profissionais da saúde, os afetados pelo transtorno do pânico aprendem a diferenciar as crises e não vão mais ao hospital achando que estão sofrendo de uma doença do coração, por exemplo. Mesmo assim, é preciso tratar a síndrome para melhorar a qualidade de vida do paciente.

No momento da crise

Uma das principais características da síndrome do pânico é a forma repentina como se apresenta, causando sofrimento e desespero, muitas vezes, pelo fato de a pessoa não saber o que fazer. Então, é importante que o paciente colabore com si mesmo, adotando atitudes benéficas para auxiliar no tratamento. Existem algumas dicas fundamentais que podem ser úteis nos momentos de crise e também para o dia a dia do paciente.

Procure entrar em contato consigo mesmo: quando um pensamento ansioso ficar muito intenso, causando a impressão de morte, é importante respirar fundo e se lembrar de direcionar suas emoções e pensamentos para algo positivo. Muitas vezes, essa pessoa está fora de si quando alguns sentimentos negativos a invadem. Aprenda, com treino e, sobretudo, paciência, a tomar as rédeas de suas emoções e direcionar a mente para onde, quando e o que desejar.

Curta a vida: não se esqueça de que é preciso atender às suas necessidades de lazer e descanso. Fazer passeios simples ou grandes viagens ou passar um tempo com pessoas que lhe fazem bem são necessidades básicas que muitas vezes são negligenciadas. Busque realizar algum tipo de atividade prazerosa em algum momento do dia.

Ritual para dormir: para uma boa noite de sono, é preciso tomar alguns cuidados para relaxar o corpo e a mente nesse momento. A televisão ligada durante toda a noite é um dos fatores que, geralmente, afeta o sono, por isso procure manter os eletrônicos desligados. Também evite refeições pesadas no jantar, a fim de conseguir ter um sono mais profundo e tranquilo.

Procure se exercitar: insira práticas físicas adequadas ao seu dia a dia e consulte um médico para indicar os tipos ideais para suas necessidades. Exercícios físicos podem ajudar no reequilíbrio dos hormônios que provocam o relaxamento. Qualquer atividade física moderada é benéfica ao ser humano. Quando a pessoa se exercita, o organismo libera endorfina, um hormônio responsável pela sensação de bem-estar. Além disso, se não houver contraindicações, atividades físicas mais reforçadas representam uma forma de terapia de exposição às sensações internas que o pânico causa, podendo colaborar para a pessoa ter mais controle de suas reações aos sintomas.

Defina uma rotina: ter horários fixos para determinadas atividades é importante tanto para o cotidiano quanto para as noites de sono.

Respire corretamente: normalmente, quando fica nervosa ou com medo, a pessoa tende a respirar de forma mais rápida ou até prende a respiração sem perceber. O fato é que esse tipo de respiração, conhecida como hiperventilação, pode se tornar um problema, já que há entrada de muito oxigênio no corpo, diminuindo a quantidade de gás carbônico no organismo, o que pode causar o estreitamento de certos vasos sanguíneos e sensações desconfortáveis, como tremores e formigamentos.

Portanto, para evitar o ciclo "ansiedade-hiperventilação-incômodo", procure alterar a forma de respiração. Para isso, vale respirar dentro de um saco de papel, por exemplo, pois, dessa forma, a pessoa vai inspirar gás carbônico e oxigênio ao mesmo tempo, facilitando o equilíbrio entre ambos. Outra forma é tentar respirar fundo e mais devagar, buscando ter mais controle.

Procure ajuda especializada: a prevenção das crises da síndrome do pânico existe a partir do momento em que a pessoa aceita sua fragilidade com uma certa antecedência e busca ajuda profissional. Quando o indivíduo começa a viver casos de depressão, ansiedade, picos de altos e baixos de insegurança e indecisão, mas percebe que precisa de ajuda, ele não chega ao nível da síndrome do pânico, pois só o auxílio já é suficiente para amenizar os conflitos internos e não desencadear os extremos.

Saber que tem um espaço com uma pessoa disponível, receptiva e atenta ao que você está falando já faz com que o paciente se sinta mais à vontade na busca da solução para seus problemas.

Procure ter uma atividade extra: ocupar a mente com atividades prazerosas nos horários livres exercita a criatividade e a imaginação, trazendo alegria e permitindo descontração e espontaneidade.

Tome sol regularmente: banhos de sol logo pela manhã ou no final da tarde ajudam na síntese da vitamina D, que proporciona muitos benefícios para o organismo. Entre eles, o de reduzir a incidência de inflamação cerebral e, por consequência, amenizando os ataques de pânico.

Não pule etapas: é preciso levar a sério todos os processos do tratamento, executando a rotina de terapia e medicamento (quando necessário) para afastar dúvidas sobre a origem das crises. Só com organização e disciplina o paciente poderá administrar suas dificuldades e, sobretudo, controlar o próprio ataque de pânico.

Evite os vícios: o cigarro é uma das drogas mais difíceis de ser abandonada, fazendo tanto mal ao cérebro quanto ao pulmão, já que seu uso excessivo pode desencadear ataques de pânico, além de criar dependência. Já o álcool mexe com todo o cérebro e altera a percepção, atrapalha a locomoção e pode também, apesar da momentânea sensação de relaxamento, desencadear um ataque de pânico. A embriaguez deixa a pessoa confusa, o que dificulta mais ainda no momento da crise.

Ouvidos atentos: a musicoterapia é a ciência que utiliza a música como processo terapêutico em inúmeros distúrbios físicos, mentais e neurológicos. Ela é regulamentada e reconhecida mundialmente, e seu objetivo é buscar o controle emocional, a melhora da qualidade de vida e até o alívio das dores causada pelo câncer.

Florais: surgiram na década de 1930, quando o médico inglês Edward Bach experimentou essências naturais de flores e arbustos, diluídas em álcool ou conhaque, como opções para tratar os desequilíbrios emocionais. Os sintomas foram divididos em categorias distintas, como egoísmo, solidão, medo e indecisão. A partir daí, foram listadas 38 essências que podem ser combinadas em uma mesma solução. Atualmente, é grande o número de psicólogos que receitam os florais com caráter homeopático para tratar condições psicológicas. Quando indicados por um profissional competente, os florais devem ser, sobretudo, diluídos em água e não em conhaque, como costuma ser a prescrição tradicional.

Controle seus pensamentos: uma visão construtiva e criativa pode trazer benefícios à saúde emocional, enquanto pensamentos negativos podem conduzir à depressão ou à falta de ânimo para encarar as pequenas dificuldades que encontramos na rotina diária, provocando mais medo, ansiedade e angústia.

Comece a acreditar em si mesmo: o processo de bem-estar no sentido mais amplo possível está intimamente relacionado à autoestima e à autoconfiança. Se você conseguir reconhecer seu valor e poder, saberá o que pode vencer e controlar a ansiedade.

Mantenha o tratamento: vá a todas as consultas e exames agendados, solicite indicação de um psicólogo, frequente as sessões psicoterápicas e peça, de acordo com a necessidade indicada, informações ao médico e psicólogo sobre atividades extras na rotina que possam contribuir para seu bem-estar em longo prazo.

Apoio e confiança: é primordial que as pessoas de convívio com o paciente saibam as melhores formas de o auxiliar nos momentos de crise. O ponto principal é ajudar o indivíduo a se tranquilizar, sem menosprezar seu sentimento, mostrando a ele que aquele momento é ocasionado pela ansiedade e que não é necessária uma preocupação real com a situação. Além disso, deve-se lembrar o indivíduo de que a crise é temporária e passará rápido. Familiares, amigos e pessoas próximas desempenham um papel importante na melhora do paciente, especialmente no início do problema. Eles devem se colocar de uma forma segura e tranquila, mostrando ser um ponto de referência, ajudando a normalizar a respiração até conseguir levá-la a um apoio psiquiátrico para acalmar a crise e, posteriormente, iniciar o tratamento médico e psicológico de médio prazo. É importante que esse ente próximo acompanhe a pessoa em crise nas primeiras consultas e sessões.

Ter pessoas de confiança por perto pode ajudar no tratamento, uma vez que o próprio paciente pode não desconfiar dos sintomas ou mesmo não aceitar o diagnóstico no começo. Familiares vão colaborar para que ele siga corretamente o tratamento medicamentoso e dar apoio em uma busca por psicoterapia, por exemplo. Além disso, só o fato de ter alguém com quem conversar sobre o problema ou sobre suas preocupações já colabora bastante com a saúde psicológica do indivíduo.

Saúde mental em dia com a meditação

A sensação de estar com os "nervos à flor da pele", cansaço excessivo, dificuldade de concentração, falta de memória, irritabilidade, tensões musculares e, até mesmo, alguns tipos de perturbação do sono e a temida síndrome do pânico podem se manifestar quando um quadro ansioso se instala no organismo. Portanto, para garantir mais qualidade de vida, a meditação vem com uma grande ajuda, pois atua diretamente no alívio desses sintomas, caso seja praticada com regularidade. Em situações de ansiedade é fundamental focarmos a mente no momento presente. Tudo aquilo que possa ajudar a deslocar a atenção para outro assunto que não seja o do foco da ansiedade é um auxílio. Os exercícios de respiração e meditação, por exemplo, são técnicas que podem ser empregadas nesses casos com sucesso.

Quando um paciente procura ajuda para se livrar da ansiedade, o quadro já pode estar avançado, ou seja, as crises que se manifestam estão fortes e prejudicando a rotina ou o convívio social.

Por isso, reforça-se a premissa de que procurar por um método de interiorização e conhecimento pessoal, como a meditação, é muito eficaz para a prevenção do distúrbio. A síndrome do pânico, quando surge, desorganiza a vida toda, tirando a pessoa do eixo. E o problema acontece bem antes de a crise acontecer.

Quando focamos a mente no presente, reduzimos os pensamentos ansiosos direcionados ao que ainda não aconteceu. Por isso, a meditação é uma grande aliada para combater também os sintomas da ansiedade. Você aprende a focar a atenção ao que realmente é importante, consegue avaliar situações com mais calma e evita tomar decisões ou falar por impulso. Além disso, ajuda a acessar e a fortalecer suas habilidades e talentos.

Treinar a meditação proporciona que o corpo e a mente fiquem em equilíbrio, auxiliando na melhora da atenção, do sono, do relaxamento, da produtividade e da vitalidade. A todo momento, as pessoas são bombardeadas por situações estressantes, seja em casa ou no trabalho, e, assim, é preciso adquirir calma e paz interior para lidar com o cotidiano de forma leve e tranquila.

Foco nas refeições

Mas não basta apenas mudar seus hábitos, é preciso cuidar da alimentação, já que tudo o que consumimos causa impacto negativo ou positivo em nosso organismo todos os dias. Como é de conhecimento geral, uma alimentação equilibrada é importante em diversos aspectos de nosso bem-estar, o que também se aplica à saúde mental e à síndrome do pânico.

Por isso, é preciso conhecer os alimentos que são benéficos, ou seja, os que podem contribuir para amenizar ou evitar crises.

Há uma série de ingredientes que podem auxiliar na melhora do ânimo, porque estimulam a produção de neurotransmissores responsáveis pelo prazer, bem-estar e euforia. Uma alimentação colorida e diversificada promove o fornecimento de micronutrientes e vitaminas para o equilíbrio correto do organismo de forma completa.

A aveia, por exemplo, contém altas doses de triptofano, um aminoácido que auxilia o organismo a liberar a serotonina, neurotransmissor que atua no cérebro, regulando o humor. Esse cereal também apresenta níveis consideráveis de selênio. O triptofano pode ser encontrado também, e em grandes quantidades, no leite, em sementes de abóbora e de girassol, sendo um nutriente de grande importância para a produção de energia.

O brócolis, por sua vez, é rico em ácido fólico, também essencial para a liberação da serotonina. Além de garantir o bom humor, renova as células e previne defeitos no sistema nervoso dos fetos, portanto é essencial para as gestantes. Os vegetais de folhas verde-escuras têm generosas quantidades de magnésio, nutriente que atua na produção de energia, mas também contêm potássio, vitaminas A, C e do complexo B, que ajudam a manter o sistema nervoso menos ansioso.

E se tratando de tranquilidade, uma folha muito comum na mesa dos brasileiros é a de alface, importante aliada para controlar crises de ansiedade e pânico. Isso porque contém lactucina, substância encontrada em maior quantidade nos talos e no coração do vegetal. Aposte em combinações com outras folhas e molhos caseiros para temperar e não se enjoar do alimento. Ainda é possível elaborar chás com as folhas ou talos em infusão.

As oleaginosas são benéficas porque apresentam selênio, antioxidante essencial para o organismo, pois auxilia na diminuição do estresse. Alguns exemplos são nozes, amêndoas e castanhas-do-pará, que podem ser consumidas sozinhas ou com frutas e saladas. Alguns frutos do mar também são ricos em selênio, zinco e ômega-3, ácido graxo com diversos benefícios para o organismo que influencia na produção de neurotransmissores. Espécies de peixes como salmão, sardinha, arenque e atum, além de camarões e lagostas, são bons exemplos.

A pimenta também é uma grande aliada da mente, pois contém capsaicina, que gera a sensação de ardência característica do alimento. Ela faz com que o cérebro produza mais endorfina, a responsável pela sensação de euforia. As mais recomendadas, nesse caso, são a pimenta-de-cheiro, a vermelha e a malagueta.

Mas se o maior incômodo for o cansaço, o estresse ou o sistema imunológico deficiente, três frutas ricas em vitamina C podem auxiliar nessa tarefa: a laranja, o maracujá e a jabuticaba. Esta última também apresenta grande quantidade de vitaminas do complexo B.

Entre as classificações desse complexo, a vitamina B1, também chamada de tiamina, é essencial para a energia do corpo e para o bom funcionamento do cérebro, pois evita o envelhecimento do órgão. A B6, por sua vez, beneficia o desenvolvimento de neurotransmissores como a dopamina, a norepinefrina e o GABA. A primeira tem grande influência sobre o humor, a norepinefrina é associada aos estados de ansiedade e o GABA possibilita uma grande redução da angústia e do estresse.

Entretanto, um aliado muito inesperado é o chocolate, mas os tipos mais recomendados são aqueles com 70% (ou mais) de teor de cacau. Isso porque estão presentes em maior quantidade substâncias importantes, como a tirosina (que estimula a produção de serotonina), além de minerais importantes, como cobre, manganês e magnésio. Eles disparam a produção de endorfina e dopamina, neurotransmissores responsáveis pelo relaxamento. Outras boas fontes de magnésio são a lentilha, a ervilha e o grão-de-bico, que devem ser consumidos cozidos.

O que não consumir

Antes de tudo, é preciso salientar que as refeições devem ser feitas com regularidade. Isso porque ficar muito tempo sem comer reduz os níveis de glicose no organismo, o que pode afetar negativamente o humor naquele momento. Dessa maneira, procure se alimentar a cada três horas, sempre no mesmo horário, e não pule refeições.

Evite ingerir café, pois a cafeína (substância também presente em refrigerantes de cola e alguns chás) excita diretamente os mecanismos do organismo, já que age diretamente no sistema nervoso. Isso pode provocar uma descarga de hormônios do estresse, além de intensificar os sintomas de nervosismo e agitação. O ideal, segundo nutricionistas, é reduzir o consumo a uma xícara de café por dia e evitar outros alimentos que contenham a substância, principalmente após às 18h, para evitar insônia.

Outros inimigos do transtorno do pânico são os doces. Quando uma pessoa consome um alimento cheio de açúcar, a glicose é liberada rapidamente na corrente sanguínea e absorvida pelas células do corpo para satisfazer suas necessidades energéticas. O pâncreas, então, tende a liberar uma grande quantidade de insulina, que auxilia na absorção desse açúcar. Assim, o nível de glicose vai de um índice muito alto para outro muito baixo, como em uma montanha-russa. A pessoa pode se sentir inicialmente eufórica após ingerir açúcar, mas depois pode sentir um rápido choque e uma redução profunda em seu nível de energia, podendo levar à tontura e à dor de cabeça. Muitas vezes, o indivíduo se sente ansioso, agitado e confuso porque o cérebro é privado de seu combustível maior (energia).

Por último, reduza o consumo de bebidas alcoólicas, pois, assim como o açúcar, são rapidamente absorvidas pelo organismo e aumentam os sintomas de hipoglicemia após seu consumo. Por isso, é importante beber com moderação para evitar o aumento da ansiedade e as oscilações de humor.

CONSULTORIAS

Ana Beatriz Barbosa Silva, *psiquiatra;*

Andréa Marim, *nutricionista da Clínica Michele Haikal;*

André Luiz Monezi Andrade, *psicólogo e docente do curso de Psicologia da Universidade Anhembi Morumbi;*

Bet Braga, *life coach;*

Danielle Bevilaqua, *psicóloga do Hospital Santa Mônica;*

Dinah Kerman, *psicóloga;*

Ervin Cotrik, *psiquiatra;*

Fernanda Martins, *nutricionista;*

Giridhari Das, *palestrante motivacional, instrutor espiritual de yoga, autor de livros de autoajuda e autorrealização, e economista;*

Guilherme Barati, *psicólogo;*

Hélio Castello, *cardiologista, diretor da clínica Angiocardio e responsável pela área de hemodinâmica dos hospitais Bandeirantes e Leforte em São Paulo (SP);*

Jaqueline Muros, *psicóloga;*

João Alexandre Borba, *psicólogo;*

Leonard Verea, *psiquiatra;*

Lourdes de Paula Gomes, *psicóloga;*

Luana Zanelli, *psicóloga;*

Luiz Vicente Figueira de Mello, *psiquiatra;*

Marcella Mantovani Pazini, *psicóloga;*

Maria Clara Barbosa, *psicanalista clínica;*

Milena Carbonari, *psicóloga;*

Milene Rosenthal, *psicóloga da TelaVita;*

Rafael Brandes Lourenço, *psiquiatra do Hospital Estadual Mário Covas (Santo André-SP) e especialista em medicina do sono e psicogeriatria pela Associação Brasileira de Psiquiatria (ABP);*

Roberto Debski, *especialista em acupuntura e homeopatia;*

Rui Ribeiro, *psiquiatra;*

Salvador Hernandes, *instrutor de yoga e meditação;*

Vinicius Zacarias, *fisioterapeuta e professor de pilates.*

FONTES

SALUM, G. A.; BLAYA, C.; MANFRO, G. G. *Transtorno do Pânico*. Revista de Psiquiatria do Rio Grande do Sul, v. 31, n. 2, p. 86-94,2009.

TANAKA, Tatiana. *Desmistificando a Síndrome do Pânico, Depressão e Principais Fobias*. São Paulo: Universo dos Livros, 2006.

APA. American Psychiatric Association. *Manual diagnóstico e estatístico de transtornos mentais:* DSM-5. Porto Alegre: Artmed, 2014.

Segunda edição (outubro/2023) · Primeira reimpressão
Papel de miolo Luxcream 80g
Tipografia Alegreya Sans, Bison e Visby
Gráfica Piffer Print